Cet ouvrage a été édité avec la participation
de la Bibliothèque nationale de France

Crédits photographiques
Sauf indications contraires, les oeuvres reproduites
sont conservées dans le département des Manuscrits
de la Bibliothèque nationale de France.
Clichés : service de la reproduction
de la Bibliothèque nationale de France

Maquette Jacqueline Mathieu

Loi 49-956 du 16 juillet 1949
sur les publications destinées à la jeunesse
© Editions du Sorbier 1994, 2, rue Christine 75006 Paris
Tous droits de traduction et d'adaptation réservés pour tous pays
ISBN : 2-7320-3389-8
Imprimé en Belgique
Achevé d'imprimer sur les presses de l'imprimerie Proost

Pierre Riché
Danièle Alexandre-Bidon

La vie des enfants au Moyen Age

Éditions du Sorbier

Introduction

e Moyen Age est une lointaine période, célèbre par ses châteaux, ses cathédrales, ses guerres féodales, qui a duré près de 1000 ans, du Ve siècle au XVe siècle. La vie des hommes et des femmes était alors bien différente de celle d'aujourd'hui, qu'il s'agisse des nobles ou de ceux qui habitaient dans les villes ou les villages. A l'intérieur du Moyen Age, il y eut également des différences entre les hommes vivant sous le roi Dagobert (VIIe siècle), sous saint Louis (XIIIe siècle) ou sous Louis XI (XVe siècle).

Pourtant, lorsque l'on cherche à savoir comment vivait un enfant du Moyen Age, en tenant compte de la diversité des époques, on s'aperçoit que jusqu'à l'adolescence, c'est-à-dire vers douze ans, cet enfant est entouré de soins par ses parents, qu'il grandit, joue, s'exerce aux différents sports, apprend à lire et à écrire, est confié à des maîtres ou des patrons, si bien que chacun peut se retrouver dans ces petits enfants qui vivaient il y a 500 ou 1000 ans.

Pour connaître les conditions de leur existence, nous avons lu les textes d'autrefois, regardé les manuscrits* qui les représentent.

Du bébé au grand-père :
les âges de la vie
(XVe s.)

En famille

u début du Moyen Age, les enfants vivent dans une grande famille qui comprend père, mère, grands-parents, oncles, tantes et cousins... Tout le monde est réuni sous l'autorité du père ou, lorsqu'il est mort, de l'oncle maternel. Cette situation se retrouve aujourd'hui dans certains pays d'Asie ou d'Afrique.

coupe en deux pour n'en donner qu'une moitié au grand-père. "Que fais-tu", dit son père ? "Je vous en garde la moitié pour plus tard, quand je serai le maître et que je vous chasserai"...

Le père comprend la leçon et donne au grand-père "chambre particulière, bon feu et beaux habits".

A la porte
du château,
une famille en voyage
demande asile
(XVe s.)

Par la suite, à partir des années 1100, la famille est plus petite : l'enfant vit avec son père et sa mère, ses soeurs et frères. Il a quelquefois la chance de connaître ses grands-parents, mais comme au Moyen Age on meurt parfois plus jeune que maintenant, cela est assez rare. Une petite histoire montre comment un petit garçon défend son grand-père chassé de la maison et qui se plaint du froid ; il demande à son fils un manteau. Celui-ci ne lui accorde, à contre-coeur, qu'une couverture de cheval et il charge l'enfant d'aller la chercher à l'écurie. L'enfant prend la meilleure et la

L'enfant unique
(XVe s.)

La vie familiale

es parents se sont mariés. Ils souhaitent vivement avoir des enfants. Les nobles pour perpétuer la lignée* et pour que leur fils puisse hériter du château et des biens. Les pauvres pour avoir non seulement le bonheur au foyer mais aussi pour s'assurer une aide future dans leurs travaux et leur vieillesse.

Si après leur union une naissance tarde à s'annoncer, les parents sont inquiets. Ils vont parfois trouver un médecin qui leur donne des recettes à

Une naissance au château (XVe s.) Lyon BM

base de plantes, qui de nos jours nous paraîtraient magiques, ou partent en pèlerinage* sur le tombeau d'un saint pour lui demander d'obtenir enfin la naissance souhaitée.

Lorsque la maman voit son voeu réalisé et attend un bébé, son entourage veille sur sa santé pendant les neuf mois de grossesse. Elle suit un régime spécial et doit éviter les aliments salés ou les épices, ne pas boire trop de vin. Elle doit porter sur elle des sachets contenant des formulettes protectrices.

L'accouchement est toujours une épreuve redoutée, et si tout se passe bien, les parents notent avec soin le jour et l'heure de la naissance, pour savoir sous quel signe astral l'enfant est né et prétendre ainsi connaître à l'avance son caractère et sa destinée. Malgré les protestations des clercs*, l'astrologie continue d'avoir du succès tout au long du Moyen Age.

Dès sa naissance, le petit enfant est l'objet de soins attentifs ; le bébé est lavé, examiné et, dans les familles nobles ou riches, frotté de sel et d'huiles de fleurs. On lui met un peu de miel dans la bouche pour lui ouvrir l'appétit, on l'accueille avec joie.

Le lit à barreaux du bébé... (XVe s.)
... que la nourrice déshabille devant le feu pour l'allaiter et le changer (XVe s.)

A cheval
dans les bras
de la mère ;
le père, l'épée sur l'épaule,
suit à pied (XVe s.)

Parrains et marraines assistent au baptême, mais la maman doit rester à la maison (XIVe s.)

Un prénom pour la vie

u Moyen Age, naître est dangereux. Beaucoup de bébés meurent peu après la naissance. Mais si mère et enfant ont survécu à cette épreuve, alors il faut vivement organiser le baptême à l'église, choisir les parrains et marraines et préparer les cadeaux de naissance. Au début du Moyen Age, on ne baptise qu'à Pâques ou à la Pentecôte. Mais beaucoup d'enfants meurent alors sans baptême. Aussi, par la suite, le baptême se déroule souvent le lendemain de la naissance. Les parrains portent l'enfant sur les fonts* baptismaux, le père est présent, mais la mère, encore "accouchée", c'est-à-dire allongée, ne peut se joindre à la fête. Le rite a changé au cours du Moyen Age : au début, on plongeait le bébé nu dans l'eau froide des fonts, ensuite on s'est contenté de le déshabiller sur la table à langer de l'église et de lui verser l'eau bénite sur le front, en lui donnant un nom.

La majorité des prénoms sont simples et faciles à porter : Jean, Guillaume et Pierre pour les garçons, Jeanne, Mar-

En route pour les fonts baptismaux dans une image peinte, au XVe siècle, pour un garçon de 14 ans

guerite ou Perrette pour les filles. Mais parfois, dans la même famille, tout le monde porte le même prénom ! On donne alors des surnoms : Jean le petit, le gros, le râleur, le gourmand, le pleurnicheur... Les nobles, inspirés par leurs lectures, apprécient les prénoms romanesques : Iseut, Lancelot, Olivier et Roland. Mais ils appellent aussi leurs fils Canin (chien), Faucon ou Lionnet (petit lion) pour que la force et le courage de ces animaux influencent leurs enfants ! Dans tous les milieux, on aime donner aux filles des prénoms qui correspondent aux qualités qu'on attend d'elles : Bonne, Belle ou Belle-née, Douce, mais aussi Bonne Fille ou Bonjour ! Si on naît un jour de fête religieuse, on en prend le nom : Noël, Tiphaine (Epiphanie) ou Pascal et Pacqueline.

Les petits enfants ont des bijoux de corail pour les protéger des maladies

Grandir

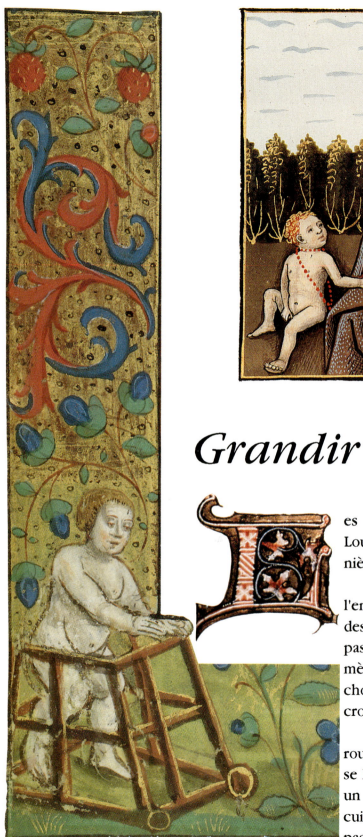

Les médecins, dès le siècle de saint Louis, ont écrit des traités sur la manière d'élever les enfants.

Au Moyen Age, on considère que l'enfance est un âge à part qui mérite des soins adaptés. Les enfants ne vivent pas au même rythme que les adultes. La mère, qui allaite l'enfant, ou la nourrice, choisie avec prudence, surveille leur croissance.

La journée d'un enfant noble se déroule ainsi : dès sept ou huit heures, on se lève. On prend un petit "déjeuner" : un oeuf dur ou mollet, une pomme cuite, du pain tendre - les adultes n'ont pas droit à ce repas, sauf les travailleurs,

Des manuels de savoir-vivre destinés aux enfants enseignent à bien se tenir à table (XVe s.)

Dînette et oiseau-sifflet (Lyon)

pour prendre des forces. A dix heures, "dîner" : bouillon de veau ou de boeuf, de poule, purée au safran, viande de poussin, de lapereau ou de veau - on donne aux jeunes enfants la viande de jeunes animaux - lait d'ânesse ou de chèvre bouilli, blanc-manger*, oeufs ou poisson sans arêtes, au choix, et, pour dessert, une poire et la moitié d'une pomme cuite bien sucrée. A dix-huit heures, "souper", identique au dîner mais sans "potage", c'est-à-dire sans viandes bouillies ni légumes cuits au pot. A vingt heures : on se couche. Les paysans, eux, se mettent au lit beaucoup plus tôt et ont une alimentation moins riche : les fils et filles de travailleurs, comme leurs parents, mangent "potages" et laitages en abondance. Pour eux, pas de sucre, pas de bonbons : les fruits, et surtout les mûres, les fraises et les cerises, en tiennent lieu. En revan-

Un voyage confortable
sur le dos de maman (XVe s.)

L'enfant au "youpala"
et l'adolescent un faucon
sur le poing (XVe s.)

che, tous ont droit aux gâteaux : galettes et flans sont les préférés des enfants.

Même les bébés ont une vaisselle et un mobilier adapté. En général, on les allaite. Mais, s'ils n'ont pas de nourrice et si leur mère est morte, ce qui arrive hélas souvent, on les nourrit grâce à un "cornet", corne de vache au bout percé. Ils boivent l'eau au biberon d'étain*, et mangent leur bouillie dans un bol, dont les plus luxueux sont décorés des lettres de l'alphabet. On les couche dans des berceaux à bascule avec ceinture de sécurité, à côté du lit des parents ; plus tard, les enfants dorment loin des adultes. Il existe aussi des "youpalas" et des sièges d'enfant. En voyage, on les transporte dans un berceau en douelles* porté dans le dos, à la manière des *papoose* indiens. On les baigne dans une petite cuve de bois, où on les laisse patauger en les attachant pour qu'ils ne risquent pas de se noyer.

Comment s'habille-t-on ? Le bébé est emmailloté d'un linge de lin, ou de chanvre*, pour les moins riches, et d'un lange de laine, le tout serré par un galon. A l'âge où l'on apprend à marcher, on vit en chemise, sans sous-vêtement : c'est plus pratique. Ensuite, garçons et filles adoptent la "cotte" - au Moyen Age, hommes et femmes portent une robe - avec ceinture et chaussures de cuir nouées à la cheville. On emporte ses affaires de classe dans une sacoche. Les vêtements sont rouges, bleus ou verts : le vert symbolise la jeunesse, et le rouge passe pour protéger les enfants des maladies ou accidents, saignements de nez ou rougeole !

La fessée robe troussée : les enfants ne portent pas de culotte (XVe s.)

Un baquet en douelles sert de baignoire (1500)

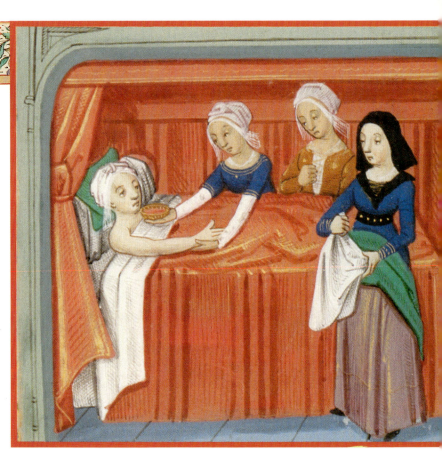

L'enfant au château

n enfant naît dans la chambre du château. C'est la joie pour toute la famille. C'est un garçon, on l'appelle Nicolas. Le père en est fier, il le voit déjà lui succéder à la tête de la seigneurie*. Mais, jusqu'à sept ans, l'enfant vit avec sa mère, ses soeurs et ses jeunes frères. Nicolas se hasarde quelquefois hors de l'appartement situé au premier étage, marche le long des couloirs qui débouchent sur les remparts, et en est un peu effrayé. La masse imposante du donjon qui domine l'inquiète, surtout à la tombée du jour. Il ne s'aventure pas loin, une ser-

La naissance se déroule
dans la chambre des parents (XVe s.)

Prudence sur le pont-levis :
retour de promenade
dans les bras de son père (XVe s.)

vante le rattrape. Nicolas ne connaît bien que la vie quotidienne des femmes. Il les aide parfois à des petits travaux, comme débrouiller un écheveau de laine ; il les écoute chanter en filant la quenouille ou les regarde tisser des rubans multicolores. Comme elles savent souvent mieux lire que les hommes, elles lui racontent des histoires ou lui montrent les images dans leurs livres de prières.

A partir de sept ans, son père prend en main son instruction. Il confie Nicolas à un précepteur qu'il vient d'engager. C'est souvent un brave homme, pas très instruit mais qui apprend à l'enfant l'essentiel : lire, écrire, compter et même un peu de latin. Le maître veille à

La classe a lieu dans une salle du château (XVe s.)

Des jumeaux et jumelles se rencontrent (XVe s.)

ce que son élève sache ses prières. Ainsi, lorsqu'il se rend, le dimanche, dans la chapelle du château, Nicolas peut comprendre un peu ce qui se passe. On lui a dit qu'il avait été baptisé à sa naissance, et qu'il fera plus tard sa confirmation et sa première communion.

Alors qu'il prend des forces et que son corps se développe, son père l'invite aux exercices sportifs de l'époque : courir, jouter sur un cheval d'arçon à roulettes, lancer le poids ou le javelot, tirer à l'arc et enfin apprendre à monter à cheval. On lui confie même des armes à sa mesure et une petite armure pour s'entraîner à la guerre. Quelquefois, Nicolas a la chance de suivre son père à la chasse, en croupe ou sur un poulain. A cette occasion, il rencontre des garçons

de son âge venus de châteaux voisins, mais aussi les paysans qui aident les chasseurs. C'est pour lui la découverte d'autres gens dont il ne soupçonnait pas l'existence.

Vers douze ou treize ans, il partira à la cour d'un seigneur ami dont il deviendra l'écuyer : ce sera la fin de son enfance.

Les jeunes s'exercent devant les écuries : il faut savoir monter à cru (XVe s.)

Viser juste : un besoin vital pour le futur guerrier (XVe s.)

Grimper aux arbres n'est pas seulement un jeu : le petit paysan cueille les olives (XIVe s.)

Au travail !

Être fils de paysan ou d'artisan n'est pas de tout repos. Jugez-en : Olivier se couche tôt, vers six heures du soir, parce qu'il se lève tôt pour aider ses parents à soigner le bétail et le mener aux champs. Sa sœur Margot reste à la maison : il lui faut s'occuper de ses autres frères et sœurs, aider sa mère à porter l'eau, qu'on va chercher parfois à deux ou trois kilomètres du village, éplucher avec elle les légumes de la cuisine, nourrir les poules, apprendre à filer le chanvre à la quenouille, ou le lin, comme Jeanne d'Arc... Le garçon aide son père : il ramasse le petit bois pour le feu ou les glands pour la pâtée des cochons, il doit chasser les oiseaux des sillons lors des semailles*, en agitant ficelles et grelots. Il garde les troupeaux, de volailles ou de moutons quand il n'a que sept ou huit ans, de cochons ou de vaches après dix ans. C'est parfois dangereux, et bien des accidents mortels surviennent à cet âge.

Le fils d'artisan s'initie très tôt au métier en regardant travailler ses père et mère. A la campagne, Simon reste à côté de ses parents et il joue souvent avec les débris de leur activité : copeaux de bois chez le menuisier, vessie de porc, dans laquelle on souffle pour en faire un ballon, chez le boucher... Sans doute le père explique-t-il alors à

Entre dix et douze ans, on entre en apprentissage, les filles comme brodeuse, couturière, lingère ou servante, les garçons comme menuisier, cordonnier, ou "enfant de cuisine". Douze ans, aujourd'hui, semble trop jeune pour travailler. Mais, au Moyen Age, une fille est déclarée adulte à douze ans, et un garçon à treize ou quatorze ans.

Une famille aux champs :
Adam et Eve.
Papa bêche
et maman file (XVe s.)

Simon les secrets du métier, car il souhaite que son fils prenne sa suite. Mais les règlements de métiers interdisent aux parents de mettre trop tôt leurs enfants au travail. Les potiers de Bourgogne n'ont pas le droit d'employer leurs fils avant l'âge de dix ans. Le célèbre Gaston Phébus, qui a écrit un *Livre de la Chasse*, souhaite qu'on apprenne aux enfants, dès l'âge de sept ans, à s'occuper des chiens de chasse. Mais il explique aussi que beaucoup ne sont pas d'accord avec lui : les hommes du Moyen Age désirent que les enfants apprennent très jeunes un métier, mais ils redoutent que la fatigue du travail ne gêne leur croissance.

Il faut aider à fouler le raisin (XVe s.)

Un enfant quitte sa famille
et prend l'habit de moine
(XIVe s.) Lyon BM

L'enfant moine

e seigneur a eu un premier fils, Guillaume, qui est destiné à devenir seigneur et chevalier. La maman voudrait que le second, Pascal, devienne clerc* ou moine*. Elle lui apprend très tôt à prier dans le psautier* et elle lui lit des récits tirés de la vie des saints. Lorsqu'il a sept ans, ou même avant, les parents viennent présenter Pascal à l'abbé* d'un monastère* voisin. Moyennant une somme d'argent ou une terre, l'abbé consent à l'admettre dans l'école monastique.

C'est pour Pascal un nouveau monde. Il se retrouve avec d'autres enfants dans le noviciat* sous la direction d'un maître. Il faut qu'il s'habitue à une vie plus rude que celle qu'il menait au

château. Il se réveille tôt, fait sa toilette, puis va à l'office* du matin. Il chante avec les moines les psaumes* qu'il retient peu à peu. Le maître lui apprend à écrire et le chantre* à chanter. S'il est habile, il commence à tracer des lettres, pour ensuite recopier des manuscrits, ou les orner d'enluminures*.

Après l'école, nouvel office, puis repas au réfectoire. Les jeunes moines servent aux cuisines et à la table des plus âgés. Leur alimentation, plus variée que celle des moines, leur permet de manger de la viande. Ensuite, retour à la chapelle, puis de nouveau l'école, ou l'atelier. Les seuls moments de détente sont les jeux dans le verger ou le bain du samedi. En fin de journée, après les vêpres*, le repas du soir et les complies*, tous vont se coucher en silence.

Les maîtres chargés des petits moines sont en général assez doux. Ils savent que les enfants sont sensibles et que les coups font plus de mal que de bien. Si un maître est trop brutal, le père abbé intervient pour le réprimander.

On dit qu'au monastère de Cluny, en Bourgogne, "les enfants sont mieux élevés que les fils de rois".

Devant ses parents
et ses cinq frères et soeurs,
le petit saint Bernard
se consacre à Dieu
(XVe s.)

Un petit moine
apprend le chant
(XVe s.)

Un enfant de choeur porte un cierge allumé, symbole de la foi chrétienne (XIVe s.)

La voix au chapître

Avoir voix au chapître* : cette expression vient de la règle de saint Benoît, écrite en Italie, au VIe siècle. Lorsque tous les jours les moines se réunissaient en chapître* les jeunes pouvaient intervenir car, disait Benoît, "le Seigneur révèle à un plus jeune ce qu'il a de mieux à faire" et "Samuel et Daniel dans leur enfance jugèrent les Anciens". Ainsi se vérifie le proverbe : "la vérité sort de la bouche des enfants".

Lors de l'élection des évêques, l'intervention d'un enfant peut être décisive. Grâce à son innocence, l'enfant bénéficie de visions célestes : ainsi le petit saint Bénezet, à la fin du XIIe siècle, aurait entendu Dieu lui ordonner de faire construire le pont d'Avignon. Dieu peut apparaître sous la forme d'un enfant : au monastère de Clairvaux, un frère* voit une petite fille qui lui demande de chanter la messe du Saint-Esprit alors qu'il l'ignorait totalement. C'est un enfant qui indique à saint Malo la route de la Bretagne.

Le culte de l'Enfant Jésus a été très développé au Moyen Age ; écoutons Jean Gerson, au XVe siècle, raconter son enfance : "L'Enfant Jésus grandissait... Il savait déjà se tenir seul sur ses pieds et faire quelques pas. Il court, il se précipite vers Marie et Joseph. Tantôt il passe ses petits bras autour de leur cou, il les embrasse avec tendresse, il leur prend les mains. Quelquefois il cherche à les suivre dans la maison, il s'arrête émerveillé devant chaque objet..., dérange un ouvrage, des vases, des paniers, des outils, et, tendant les menottes, demande à être porté sur leurs bras..."

L'enfance malheureuse

Ce petit garçon est sourd. On l'emmène en pèlerinage sur le tombeau de saint Louis à Saint-Denis, près de Paris. Il est guéri : il entend sonner les cloches de l'abbaye (XVe s.)

Poussé par le diable, Gaubert tombe
par la fenêtre et la Vierge le sauve (XVe s.)

Exode en temps de guerre

omme de nos jours, bien des souffrances accablent les enfants, surtout en temps de guerre ou dans les milieux défavorisés. Des enfants sont victimes de mauvais traitements. Les parents trop pauvres les obligent à mendier ou les abandonnent aux portes des églises. Les plus chanceux sont recueillis dans des orphelinats. La vente des enfants, bien qu'interdite, existe encore et on retrouve des filles et des garçons sur les

30

marchés d'esclaves au bord de la Méditerranée. Les enfants abandonnés ou volés partent, quand ils le peuvent, à la recherche de leurs parents. Bien peu y parviennent. Ils vagabondent ici et là et même se joignent aux bandits qui errent dans les campagnes.

Les enfants souffrent aussi de maladie. Au Moyen Age, toute maladie est dangereuse, même un rhume. Les médecins sont chers, et les médicaments pas toujours efficaces. Aussi invente-t-on toutes sortes de remèdes préventifs pour épargner l'enfant : bijoux magiques, herbes odorantes brûlées sous son lit pour le rendre gai, beau et en bonne santé. On soigne sa constipation d'un bout de chou ou d'un lardon comme suppositoire. Il existe des sirops antitoux, des shampooings antipoux.

Dans les bras de sa marraine, le bébé mort va être enterré devant la porte de l'église

A la grande tristesse des parents, un enfant sur trois meurt avant d'avoir atteint l'âge de cinq ans. L'enfant est alors enterré dans le cimetière de l'église, soit dans un sarcophage de pierre à sa taille, soit dans un petit cercueil de bois. Au début du Moyen Age, on dépose quelquefois dans sa tombe ses jouets, ses bijoux, ses petites armes ou sa gourmandise favorite : des noisettes dans une coupelle de bois. On installe souvent sa tombe dans les lieux les plus saints du cimetière, pour qu'il parvienne plus vite au Paradis : sous la gouttière du toit de l'église, sous les fonts baptismaux, dans le jardin du cloître d'un monastère, ou sous le parvis*, devant l'église, qu'on appelait alors "paradis".

Jouer

A u Moyen Age, la vie est dure. Les enfants travaillent jeunes, la maladie est un risque permanent. Mais les jouets ne manquent pas. Les archéologues en trouvent maintenant partout : dans les villes, ce sont des petits bateaux de bois à tirer dans les rigoles des rues, au bout d'une ficelle ; dans les campagnes, des charrettes miniatures à tirer dans la cour d'une ferme. Des petits chevaux taillés ou sculptés dans le bois rappellent que la société était fondée sur le cheval comme la nôtre, aujourd'hui, est axée sur la voiture. On trouve des poupées en céramique, qu'on habillait de chiffons, des hochets pour les bébés, des toupies de bois, des dînettes, des billes, des sifflets à eau en forme d'oiseau ; pour les enfants nobles, comme Guillaume, des petits arcs et des épées de bois, des lances à moulinets, comme au Jardin d'Acclimatation, et même, pour les fils de rois, à la fin du Moyen Age, des canons miniatures...

On offre en cadeau des jouets aux enfants malades, pour les distraire.

La salle de jeux chauffée d'un château allemand : au fond de la pièce, le grand poêle XVIe s.

A califourchon sur le cheval-bâton sous le regard des étoiles, Mars, Vénus et les autres (XVe s.)

L'enfant des villes en possède plus que le petit paysan, qui doit se contenter de noix, de cailloux, de fleurs, de chiffons ou de menus objets achetés à des colporteurs. Les filles adorent les rubans, les épingles - dont on faisait un jeu - les anneaux de verre ou les minuscules miroirs. Les garçons aiment les dînettes autant que les armes ou les bateaux.

Les jeux sont très variés. Certains n'ont pas changé : cache-cache, quatre coins, colin-maillard, saute-mouton. On aime nager dans les rivières ou dans les piscines des établissements de bain, où l'on va avec sa mère. On aime construire des barrages ou des moulins sur les ruisseaux, faire des bulles de savon, modeler la terre glaise, attraper les papillons, jouer à la marelle, sauter, courir, chanter.

Les adultes aiment beaucoup voir les enfants jouer : c'est pourquoi des centaines de manuscrits conservent le souvenir des jeux et des jouets du Moyen Age. Même les princes les plus belliqueux décorent les salles de leurs châteaux d'objets ou de tapisseries aux jeux d'enfants.

Les jeux : galipette, cricket et chasse aux papillons (XVe s.)

Filles et garçons apprennent à lire les lettres et les notes de musique

Apprendre à lire

n apprend l'alphabet entre quatre et six ans et à lire vers l'âge de sept ans. Les parents ou le maître montrent les lettres à Mathilde dans un abécédaire ; les enfants pauvres, qui ne possèdent pas de livres, ont pourtant les moyens de s'instruire. On raconte que le berger Lubin,

âgé de sept ans, demanda à un moine de lui graver l'alphabet sur sa ceinture de cuir et ainsi put apprendre les lettres. Certains pédagogues* recommandent de découper ou de façonner les lettres dans des tranches de fruit, des pâtisseries ou des sucreries : elles sont ensuite offertes en récompense à ceux qui savent en dire le nom. Des livres d'instruction religieuse qu'on appelle "Croix de par Dieu", car ils commencent par un signe de croix, contiennent un alphabet où les lettres sont accompagnées des mots dont elles sont l'initiale : A pour Amitié, B pour Bienveillance, C pour Crainte, D pour Douceur.

Après l'alphabet vient le syllabaire qui permet de reconnaître voyelles et consonnes, puis les textes scolaires : le plus utilisé est celui du Psautier*, dont

Le maître a une robe longue,
comme tous les savants,
et un fouet,
symbole de son autorité (XVe s.)

Mathilde lit et apprend par coeur les versets*. Mais on lit aussi les historiettes de l'Antiquité : fables d'Esope et de Phèdre, telles *Le loup et l'agneau*, *Le renard et la cigogne*, etc.

Lorsque les enfants savent lire, qu'ils soient garçons ou filles, les parents leur confient la *Légende dorée*, qui contient les vies des saints ou les *Fioretti* de saint François d'Assise.

On apprend à écrire l'alphabet
sur ses genoux.
Au fond de la salle, le lavabo

Les belles histoires

Un livre d'heures abécédaire peint à l'or pour les petits princes (XVe s.)

La lettre S dans un cahier abécédaire (XVe s.)

u Moyen Age, les livres coûtent très cher : pour un gros manuscrit, il faut sacrifier près de trente boeufs dont on prend la peau pour faire le parchemin*. Un petit livre d'enfant équivaut à la fortune d'un modeste paysan... Seuls les enfants des monastères et des châteaux, comme Pascal et Guillaume, ont la chance d'avoir un livre entre les mains. Même à la fin du Moyen Age, il faut être au moins fils de marchand aisé pour pouvoir regarder le livre d'heures* de sa mère, tout illustré d'enluminures*.

Quelles sont les lectures préférées des enfants ? Claire et Tiphaine aiment les histoires de saint François, les fables, que La Fontaine a ensuite adaptées, les Evangiles de l'Enfance, dans lesquels sont décrits les jeux et bêtises de l'Enfant Jésus. Futur chevalier, Renaud préfère les *Arts de la guerre* illustrés, où l'on peut admirer machines de guerre et batailles rangées. On leur raconte aussi, le soir, comme le faisait saint Louis pour ses propres enfants, la vie des bons rois et empereurs, pour leur servir d'exemple. Au plaisir des histoires s'ajoute celui des images et de la peinture d'or, qui font du livre d'enfant un objet de grand prix. Mais les éducateurs auraient de beaucoup préféré que les enfants se contentent des histoires de la Bible ou de la vie des saints...

La naissance
et l'enfance de Merlin
l'enchanteur
(XVe s.)

L'ogre
dans son château
(XVe s.)

Beaucoup d'histoires du Moyen Age sont restées dans la littérature pour enfants d'aujourd'hui : Peau d'âne, le Petit Chaperon rouge, ont été inventés au Moyen Age ; on a trouvé dans un livre d'école du XIe siècle l'histoire d'une petite fille de cinq ans qui, vêtue d'une petite robe rouge, rencontre le loup dans la forêt...

Puni !
Lyon BM

A l'école :
le bon et le mauvais élève
(XVIe s.)

Les petites écoles

Dans les villages, et surtout dans les villes, des prêtres sont chargés par l'évêque de diriger des petites écoles. Ils invitent les parents à y envoyer leurs enfants. A partir du XIIe siècle, les marchands et les artisans souhaitant que leurs fils reprennent leur commerce, leur font ainsi apprendre à lire, à écrire et à compter. Des maîtres d'école enseignent gratuitement les pauvres. Les petites filles sont confiées à des maîtresses religieuses ou laïques*.

La journée de l'écolier est longue. Simon part de chez lui le matin, sa tablette à écrire à la main et son déjeuner dans un panier. Il revient au soir et ra-

Dame Musique
donne une leçon
de chant à ses enfants
(XVe s.)

jouer une sorte de mystère* religieux, distribuer les livres de classe à leurs camarades, mais aussi rendre différents services : balayer, sonner les cloches, soigner les oiseaux en cage, donner à manger aux pauvres. Ils s'occupent également des malades et des mourants et participent même à la messe des morts.

Dans ce qu'on appelle des "maîtrises", des enfants apprennent surtout le chant pour participer aux offices de la cathédrale. L'apprentissage est étroitement surveillé : le repas du matin doit être léger pour ne pas affaiblir la voix, et le règlement dit que le maître doit enseigner le plain-chant* et le contrepoint* et non les chansons d'amour que l'on chante dans la rue ! Lorsque, devenus adolescents, leur voix se fait plus grave, ils quittent la maîtrise et sont remplacés par des enfants plus jeunes.

conte à ses parents ce qu'il a fait ou les farces dont ses camarades se sont rendus coupables. Certains enfants habitent trop loin : ils restent dans la maison du prêtre ou du maître qu'ils aident au jardin ou à l'église.

Au XIIIe siècle, à Paris, quand est créée l'Université, on ouvre des collèges pour les écoliers pauvres, où sont parfois admis des enfants de moins de douze ans. Au Collège de l'Ave Maria, sur la Montagne-Sainte-Geneviève, les élèves sont très surveillés par le maître. On les recrute pour la beauté de leur voix et on développe leur sens de l'altruisme*. Sur les images qui accompagnent le règlement du collège, nous les voyons faire leur prière dans leur lit, aller en procession* à l'autel de la Vierge,

Matthaus,
14 ans,
piétine plumes et cahiers :
il renonce aux études
(XVIe s.)

41

Les Rois Mages
(XVe s.)

Les fêtes de l'année

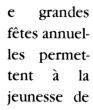

De grandes fêtes annuelles permettent à la jeunesse de s'exprimer : certaines sont populaires, d'autres religieuses. L'année commence, selon les régions, soit à Noël soit à Pâques : c'est l'occasion de s'amuser. A Pâques, les enfants ont deux jeux principaux : la "roulée des oeufs" et la course à la poule, à l'oie ou au coq. Le premier est l'occasion de jouer aux billes avec des oeufs de poule sans se faire gronder, et de gagner ceux qui ont roulé sans se briser. Le second consiste à lâcher une volaille pour lui courir après, en bande. Le temps de Noël est plus important encore : c'est la fête de l'Enfant Jésus, et par conséquent de tous les enfants.

Tout commence le 6 décembre, avec la fête de saint Nicolas, protecteur des écoliers, et s'achève le 28 décembre, avec celle des saints Innocents*, ces petits garçons nouveau-nés tués au temps de l'enfance de Jésus. C'est surtout le jour de Noël, bien sûr, que les plus jeunes ont une place privilégiée autour de la crèche, coutume qui date du XIIe siècle mais qui est popularisée au XIIIe siècle par saint François d'Assise. Dans les monastères, la fête est plus vivace encore : les enfants déchaînés s'amusent à leur guise et vont même jusqu'à faire prisonnier leur évê-

Les premiers cadeaux de Noël :
ceux de l'Enfant Jésus (XVe s.)

que en visite ! Le jour des Innocents, ce sont les enfants qui disent la messe et dansent dans les églises. Enfin, l'année commence : au premier janvier, c'est la fête de l' "aguillaneuf" : au gui l'an neuf. Tous les enfants des villes et des villages courent frapper aux portes ou arrêter les passants pour exiger d'eux une piécette, un morceau de lard, ou un gâteau : c'est ce qu'on appelle les étrennes. Le 6 janvier, on tire la galette des Rois, et c'est déjà un enfant qui se cache sous la table pour distribuer les parts de gâteau à chacun.

Le printemps et l'été ont aussi leurs fêtes : d'abord celle du 1er mai, avec les danses autour d'un arbre et l'élection du "roi des jouvenceaux". Les jeunes nobles se déguisent avec des habits verts comme la végétation nouvelle. Lors de la fête de la Saint-Jean, au moment des moissons, jeunes gens et jeunes filles, couronnés de fleurs, dansent de nouveau autour de feux de joie. Les bébés s'amusent aussi à leur manière : les femmes installent les berceaux, entourés de branchages, devant leur porte et offrent des tartes aux passants ! Au Moyen Age, il y a de très nombreux jours de fêtes et de vacances ; un jour sur trois est "chômé" et parents et enfants se reposent ou s'amusent ensemble, à la maison.

Lexique

Abbé - Chef d'une communauté de moines
Altruisme - Qualité qui consiste à penser aux autres
Blanc-manger - Bouillie de lait d'amande et de poulet
Chantre - Clerc spécialisé dans le chant
Chanvre - Végétal servant à la fabrication des tissus
Chapître - Réunion quotidienne des moines
Clerc - Homme d'église par opposition au laïc
Complies - Prière du soir avant le coucher des moines
Contrepoint - Chant à plusieurs voix
Douelle - Planchette de bois servant à fabriquer les tonneaux
Enluminure - Peinture illustrant les manuscrits
Etain - Métal servant à fabriquer de la vaisselle
Féodal - Qui est en relation avec le monde des seigneurs
Fonts - Cuve de bois ou de pierre où est célébré le baptême
Frère - Homme qui n'a pas fait ses vœux de moine mais qui vit dans un monastère
Laïc - Se dit par opposition à clerc
Lignée - Généalogie d'une famille
Livre d'heures - Livre de prières récitées à certaines heures, à l'usage des laïcs
Manuscrit - Livre écrit à la main
Mystère - Représentation théâtrale religieuse du XVe siècle
Monastère - Lieu où vivent les moines
Noviciat - Préparation des enfants à la vie monastique
Office - Célébration religieuse à l'église
Parchemin - Peau de bête découpée en feuilles pour faire un manuscrit
Parvis - Espace situé devant l'église
Pédagogue - Maître d'école
Pèlerinage - Voyage vers une église ou le tombeau d'un saint
Plain-Chant - Chant liturgique chanté sur une même note
Procession - Cortège religieux du clergé et des fidèles
Psautier - Livre qui contient les 150 psaumes
Psaume - Poème biblique chanté par les moines
Seigneurie - Domaine appartenant à un seigneur féodal
Semailles - Travail des champs consistant à semer le grain
Vêpres - Prière de fin d'après-midi
Verset - Courte phrase extraite d'un psaume

Chronologie

Fin du Ve siècle - Début du Moyen Age
Installation des Barbares dans l'ancien Empire romain

496 - Baptême du roi mérovingien Clovis à Reims

639 - Mort du roi Dagobert

751 - Les Carolingiens remplacent les Mérovingiens

800 - Couronnement de Charlemagne empereur
Réforme des écoles

Milieu du IXe siècle - Début des invasions normandes.
Construction des châteaux-forts

987 - Avènement d'Hugues Capet
Les Capétiens remplacent les Carolingiens

999 - Gerbert d'Aurillac, le plus grand savant de son temps, devient pape sous le nom de Sylvestre II

Fin du XIe siècle - Début des croisades en Terre Sainte
Progrès des techniques (collier de cheval, moulins à vent, etc.)

XIIe siècle - Les villes s'agrandissent
Les monastères se réforment sous l'influence de saint Bernard
On construit Notre-Dame de Paris en 1177
Romans de la Table Ronde

1200 - Débuts de l'Université de Paris

1212 - Croisade des Enfants

1226-1270 - Règne de saint Louis

1226 - Mort de François d'Assise

1257 - Fondation du Collège par Robert de Sorbon
Ce collège va donner son nom à la Sorbonne

1270 - Le Mont Saint-Michel est construit

1340 - Débuts de la Guerre de Cent ans
Epidémie de peste

1370 - Le connétable Du Guesclin au service de Charles V

1415 - défaite d'Azincourt

1429 - Jeanne d'Arc délivre Orléans

1431 - Mort de Jeanne d'Arc - brûlée vive à Rouen

1450 - La France délivrée des ennemis
Règne de Charles VII
Invention de l'imprimerie

1461-1483 - Règne de Louis XI

1492 - Christophe Colomb en Amérique
Fin du Moyen Age et début des Temps modernes